# KÜNSTLICHE INTELLIGENZ

MALBUCH



ExtraMalbuch Verlag

Herstellung und Verlag: BoD – Books on Demand, Norderstedt
ISBN: 9783753499840

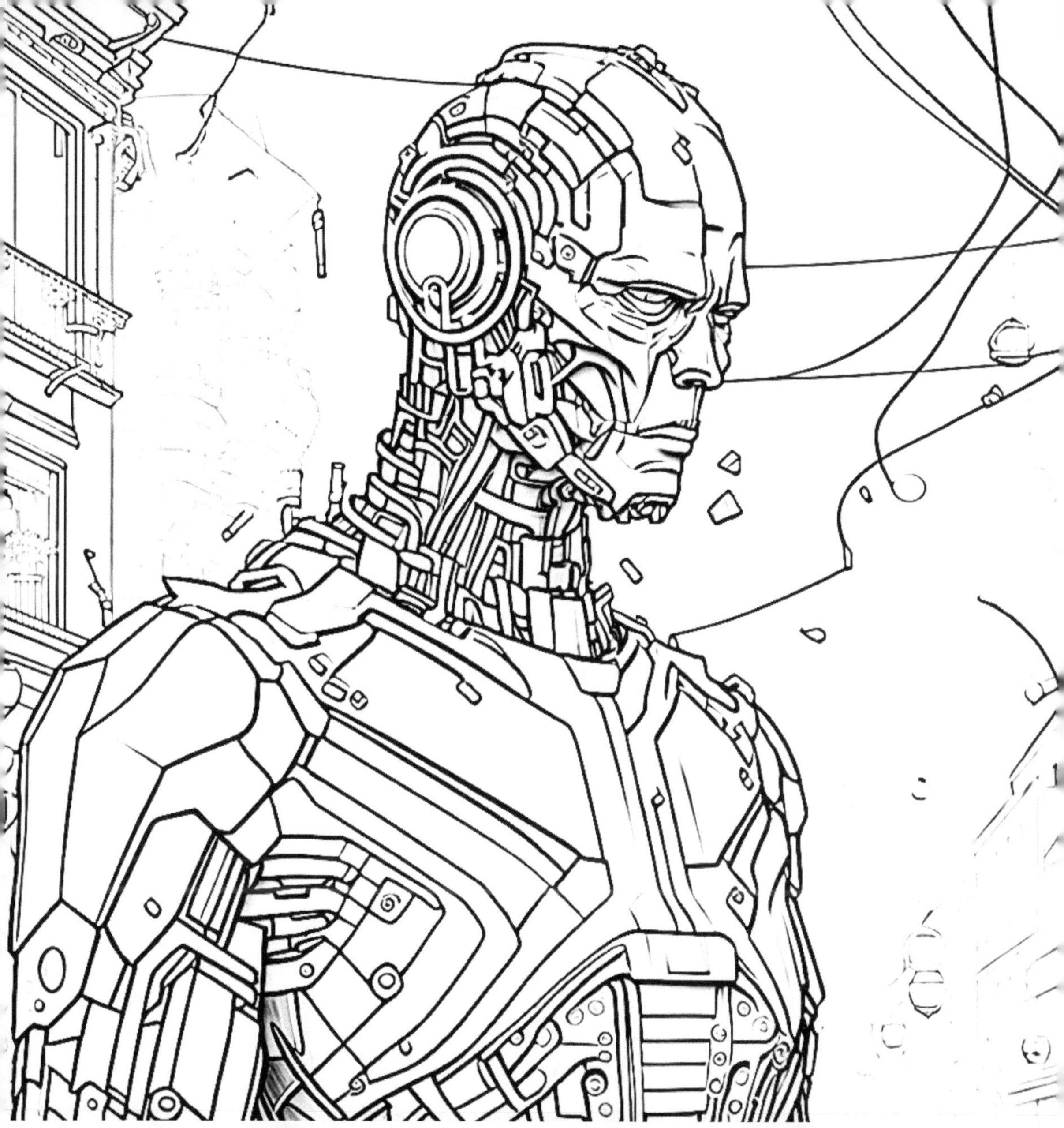

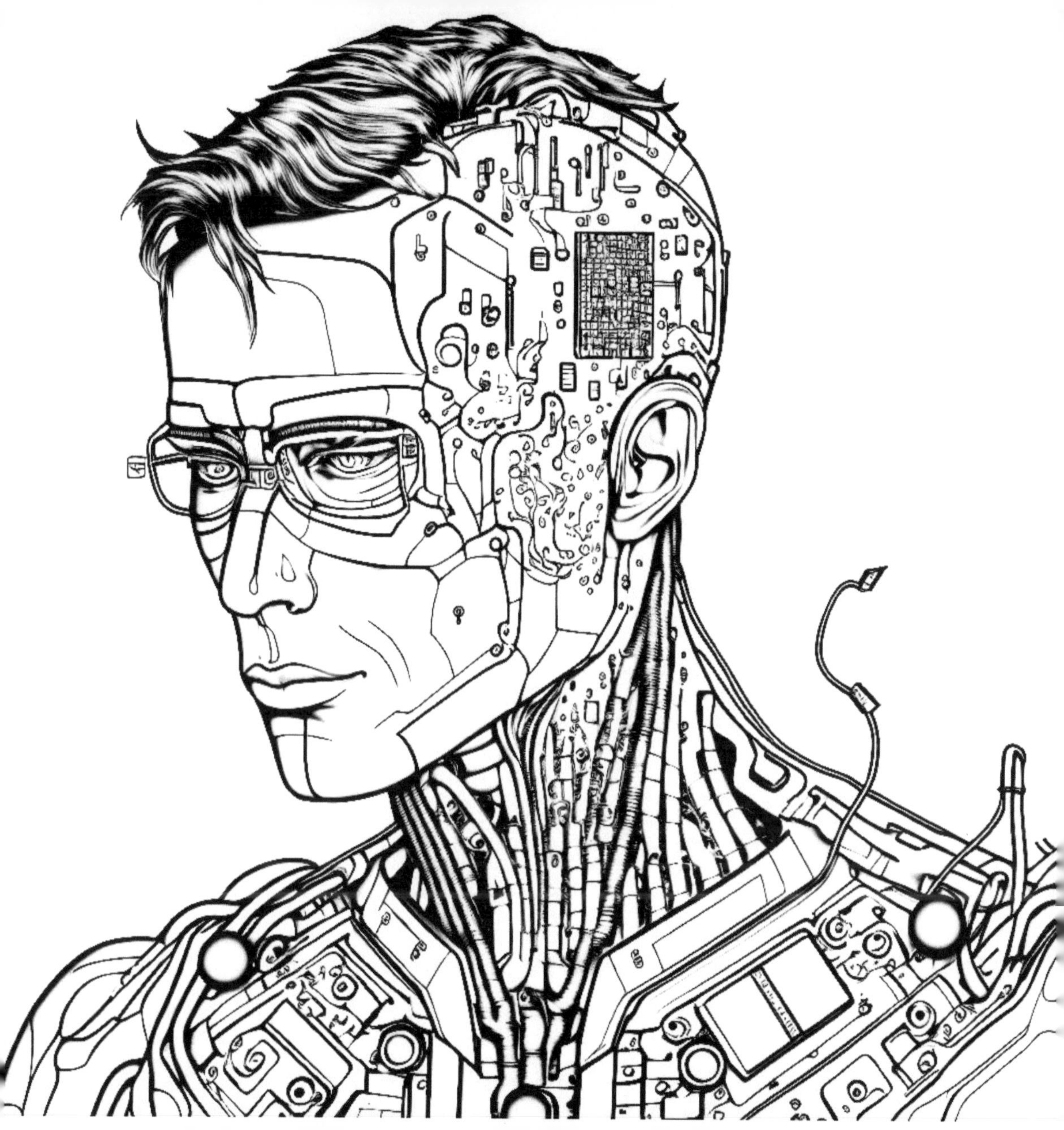

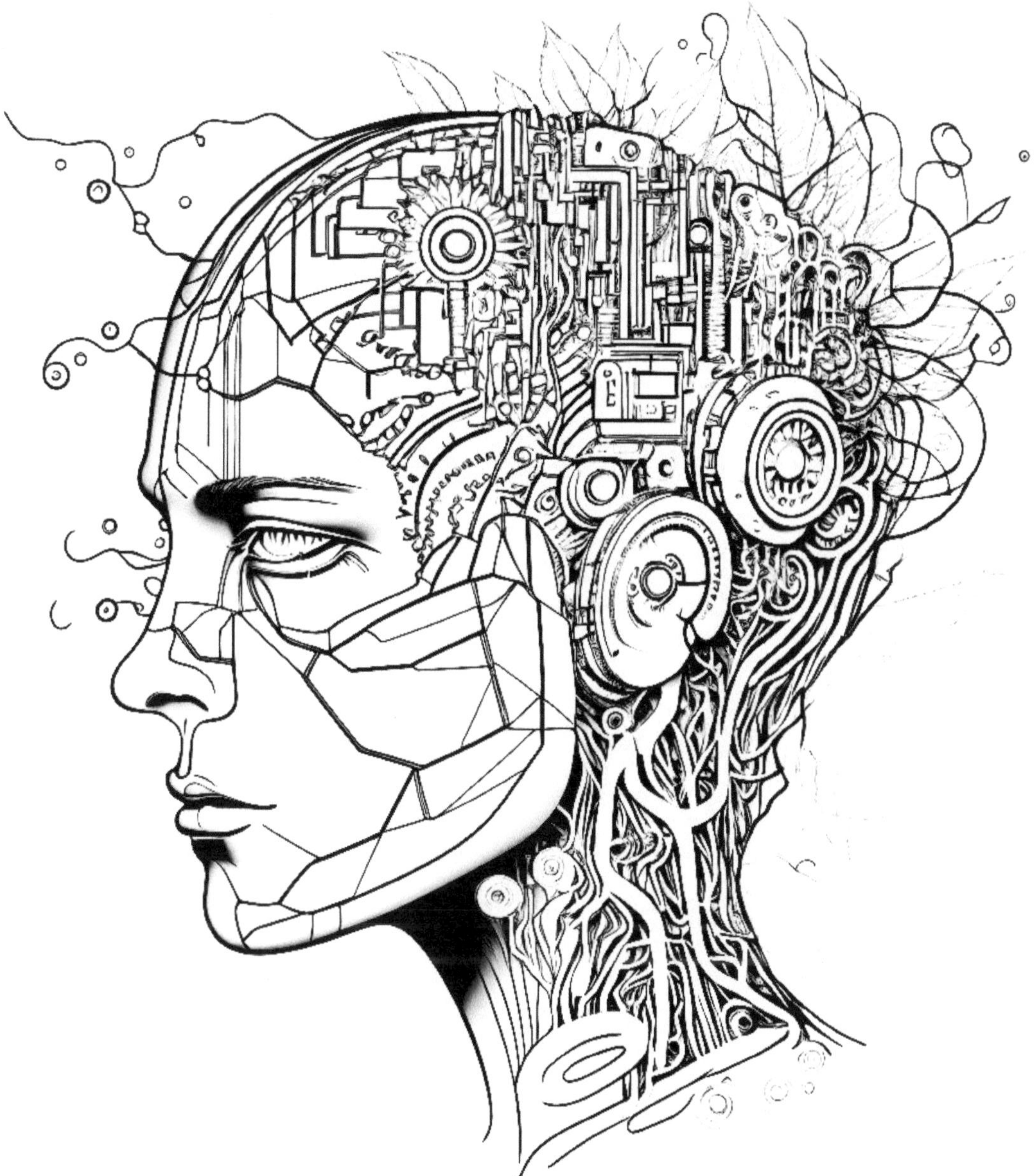

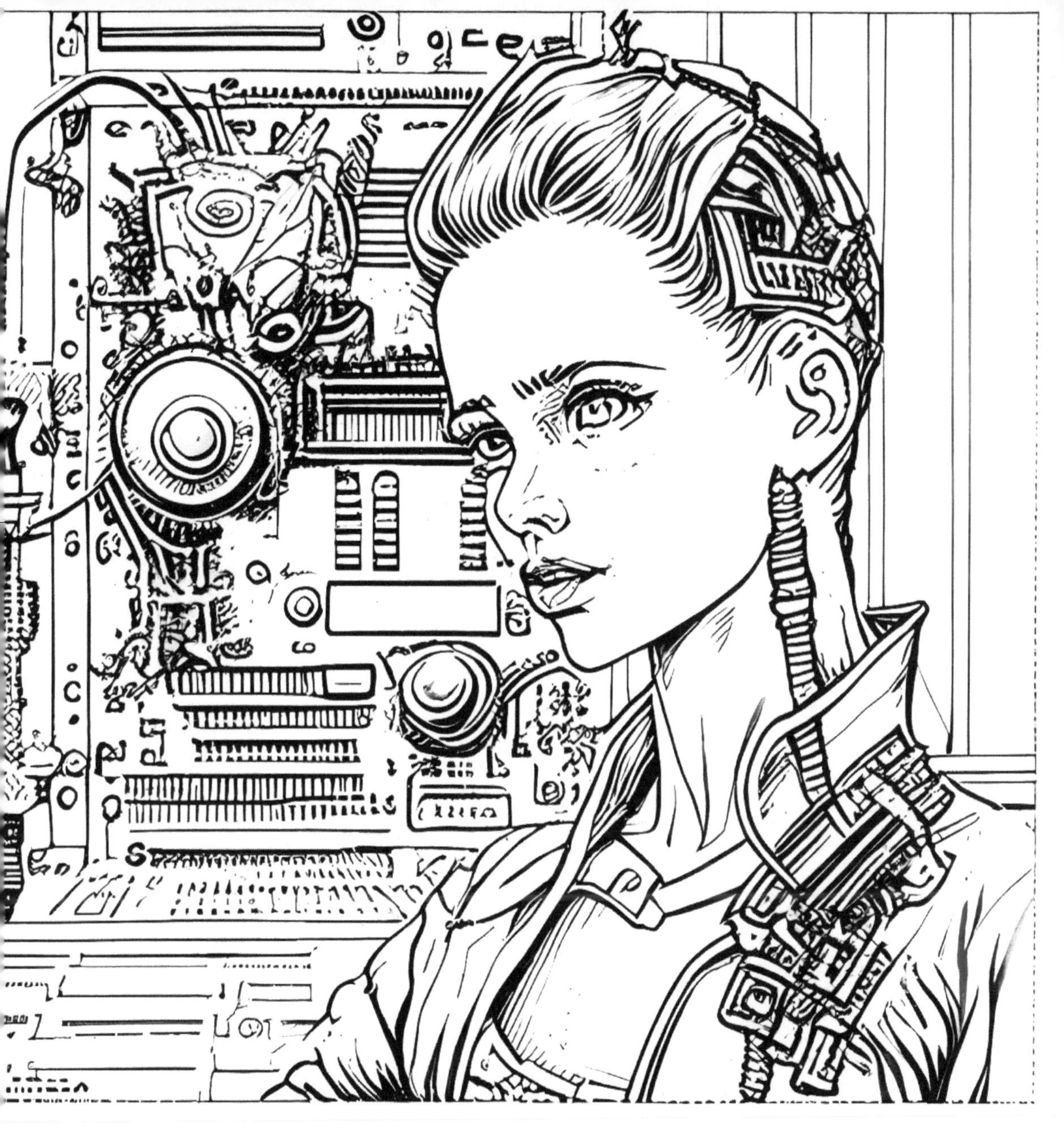

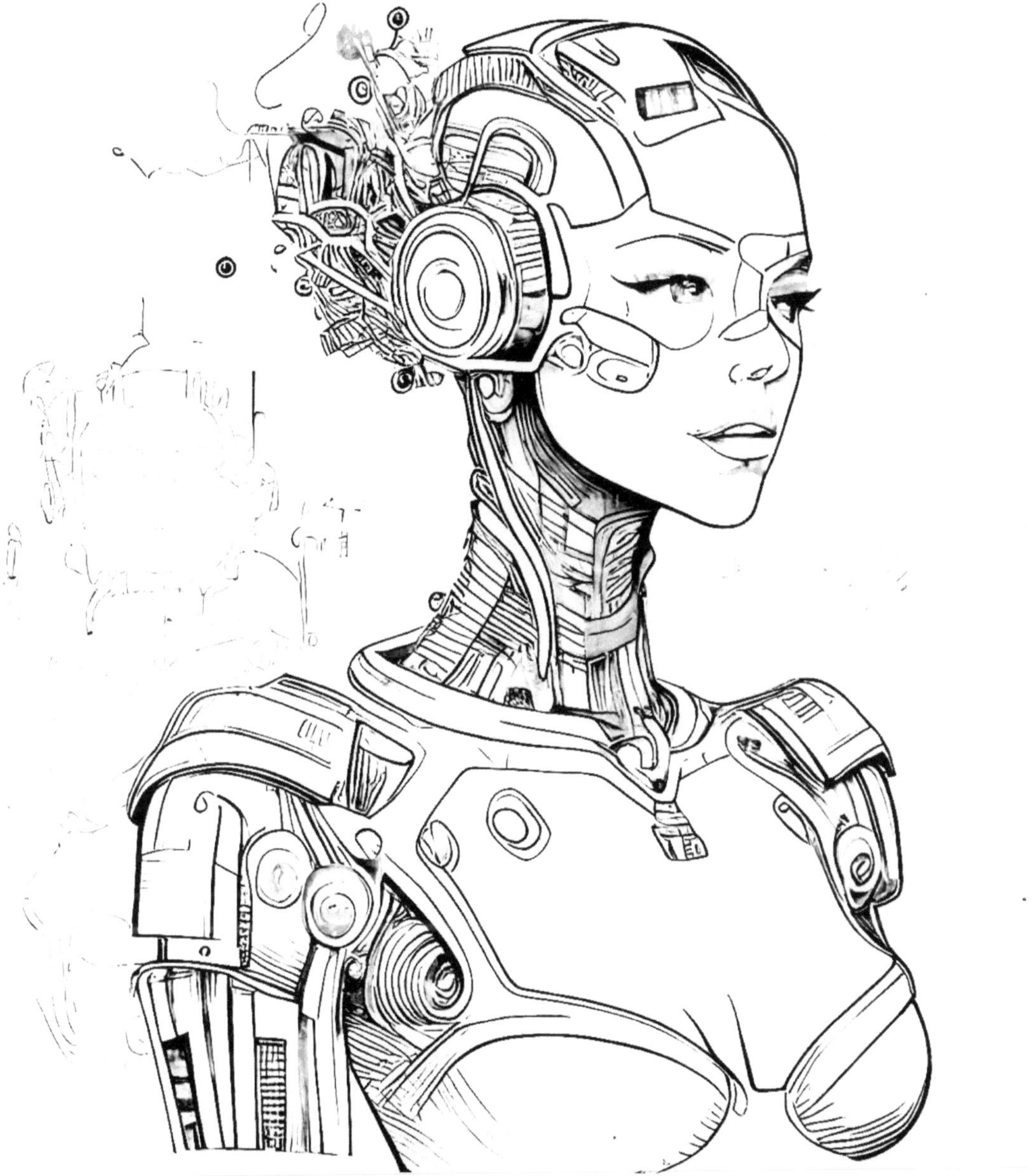

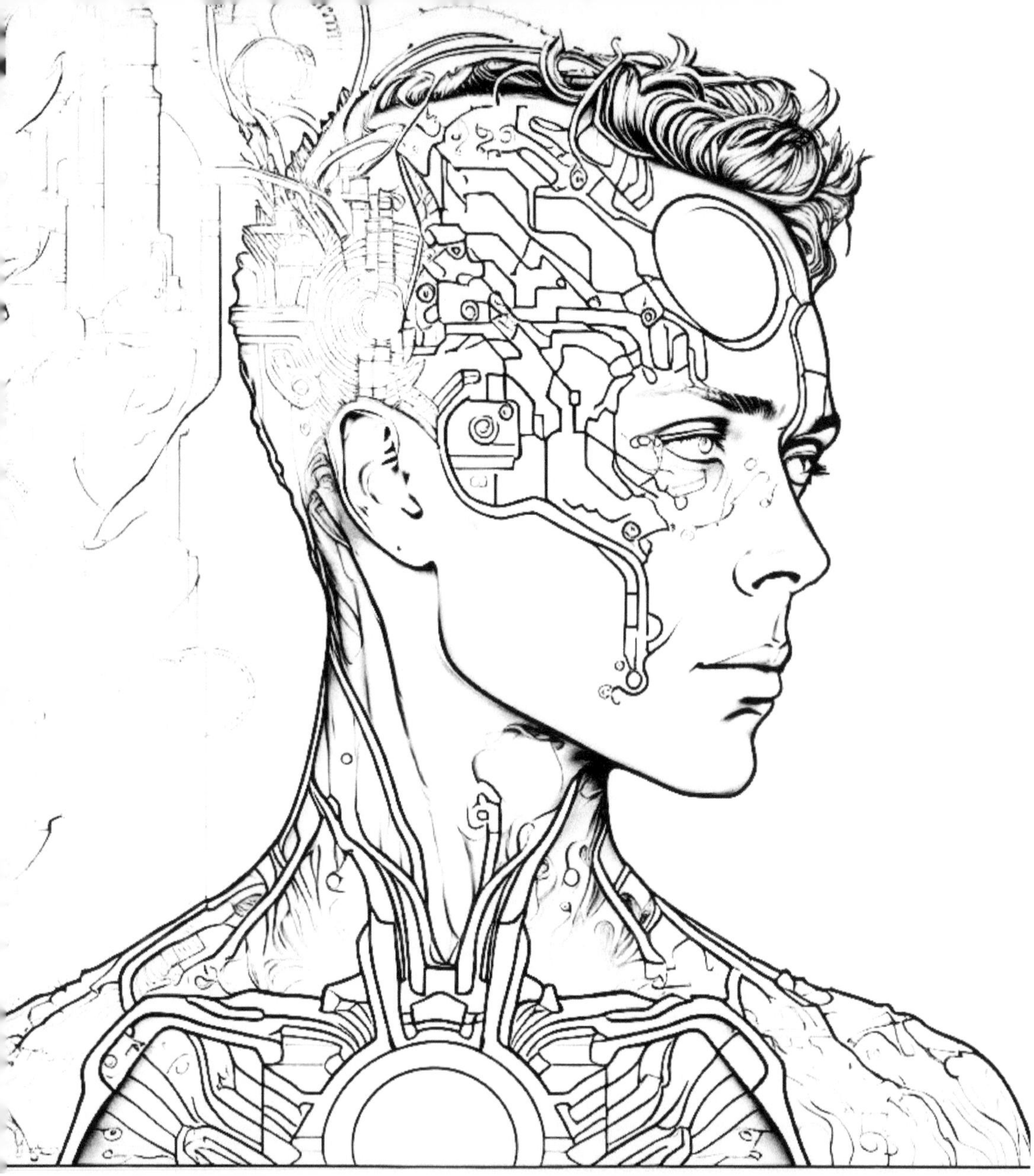

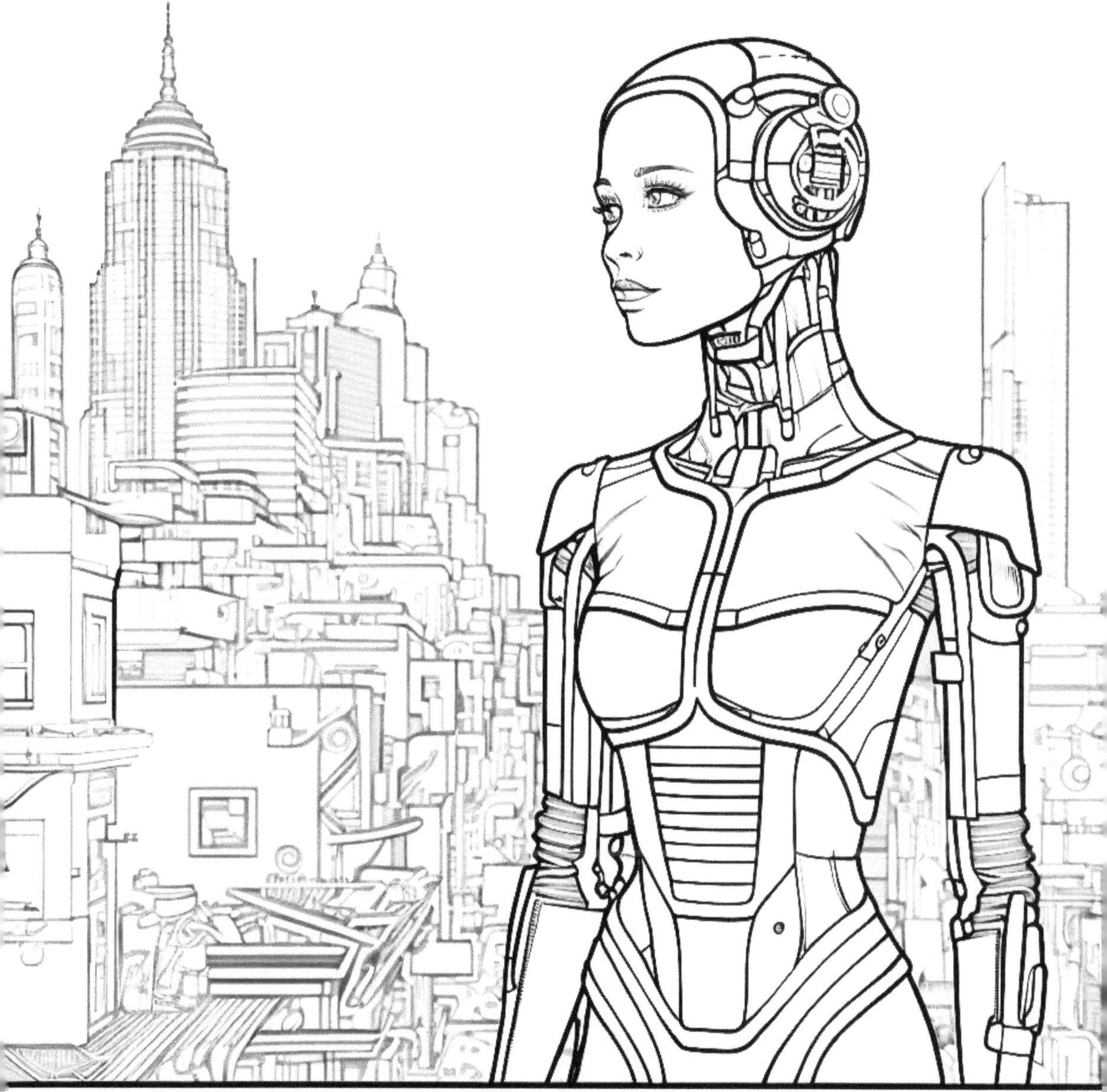

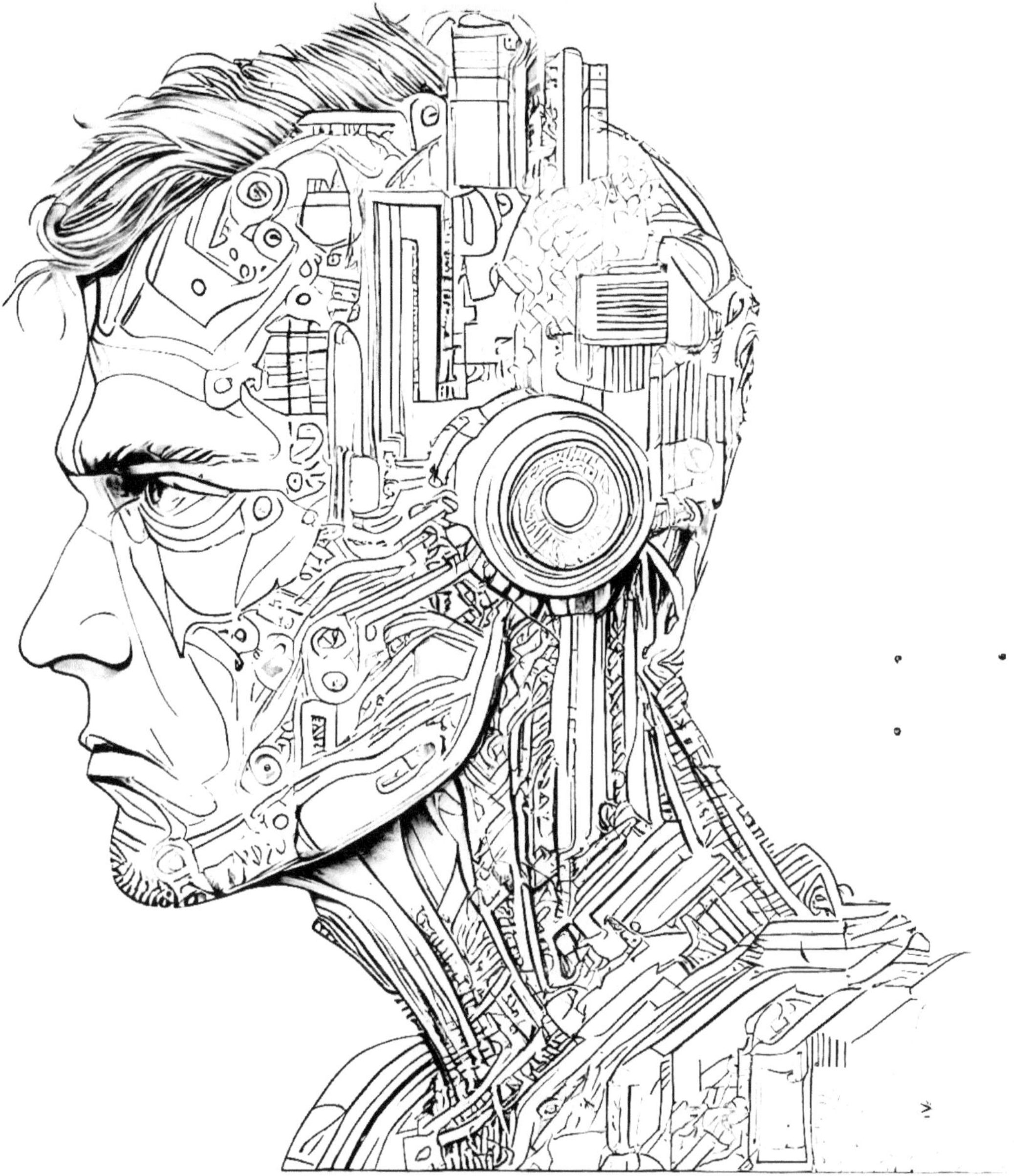

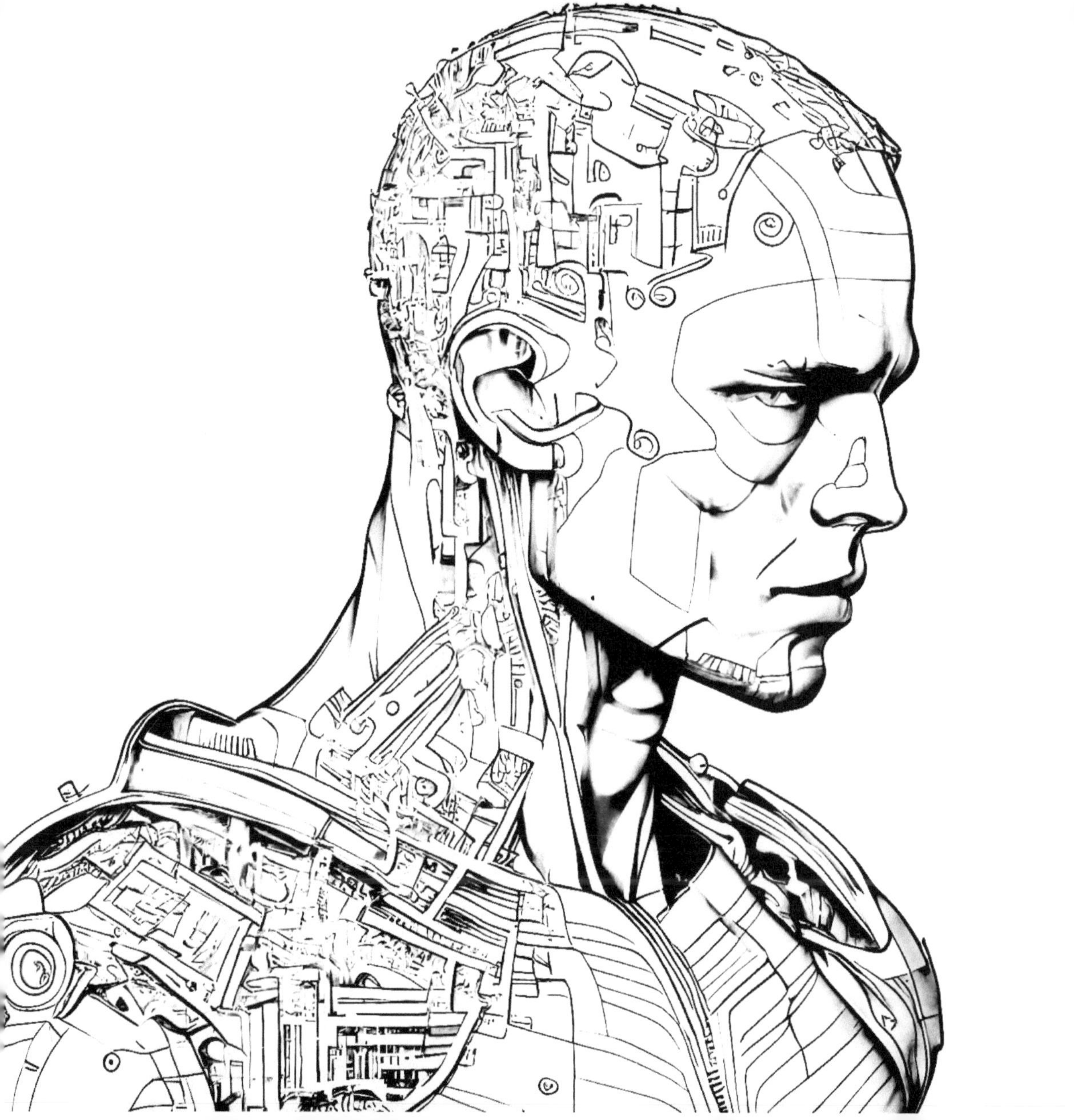

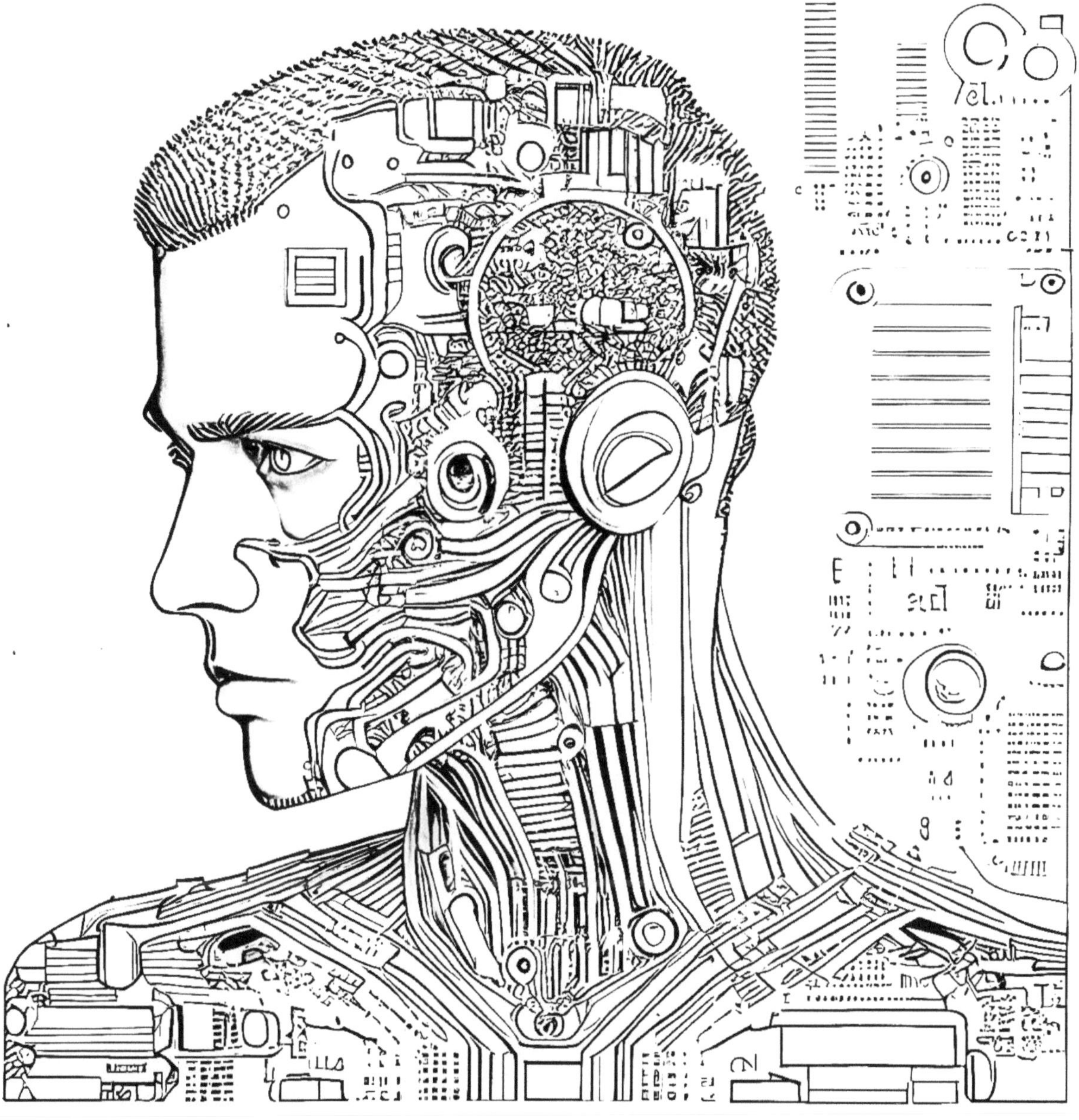

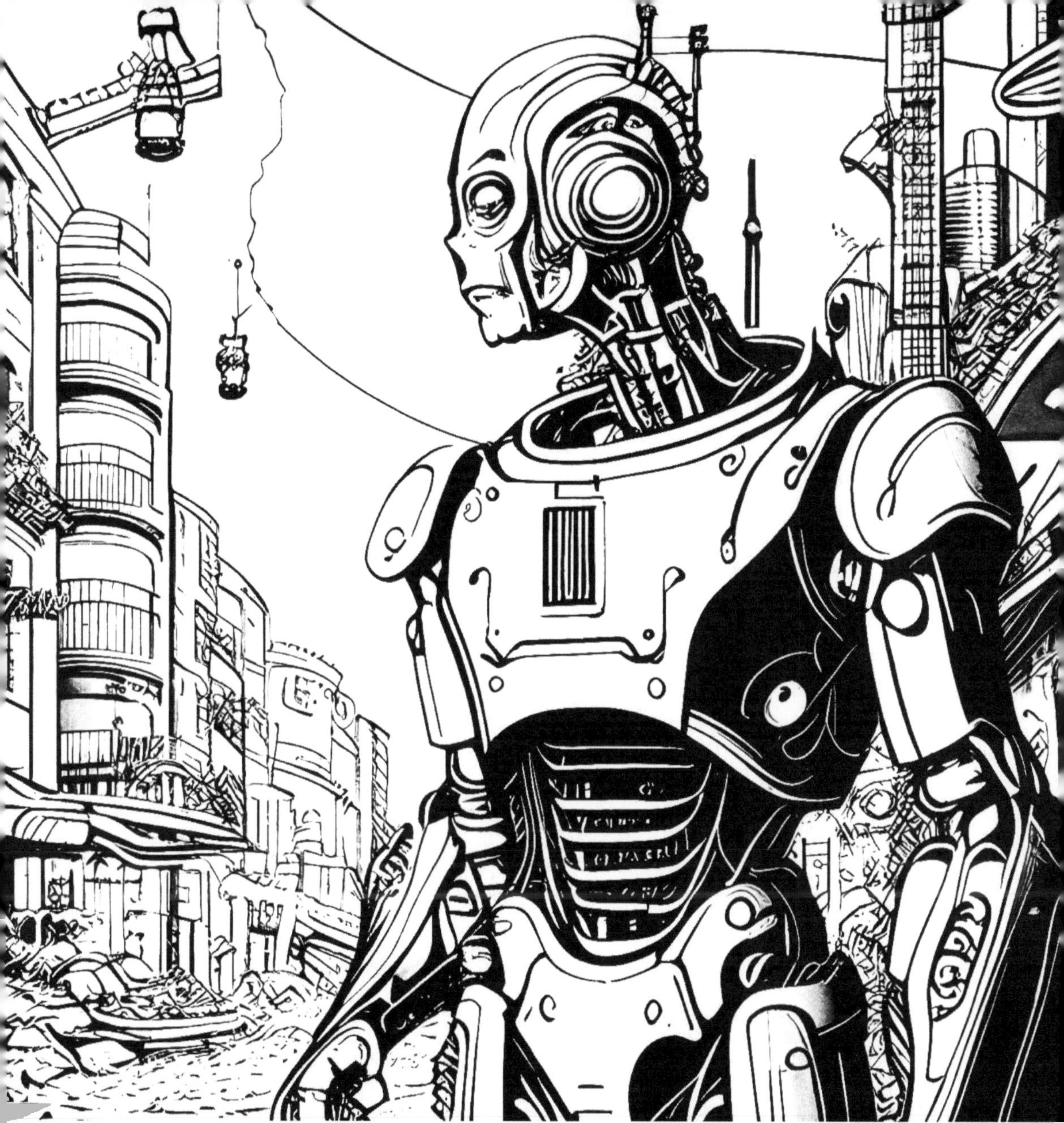

B

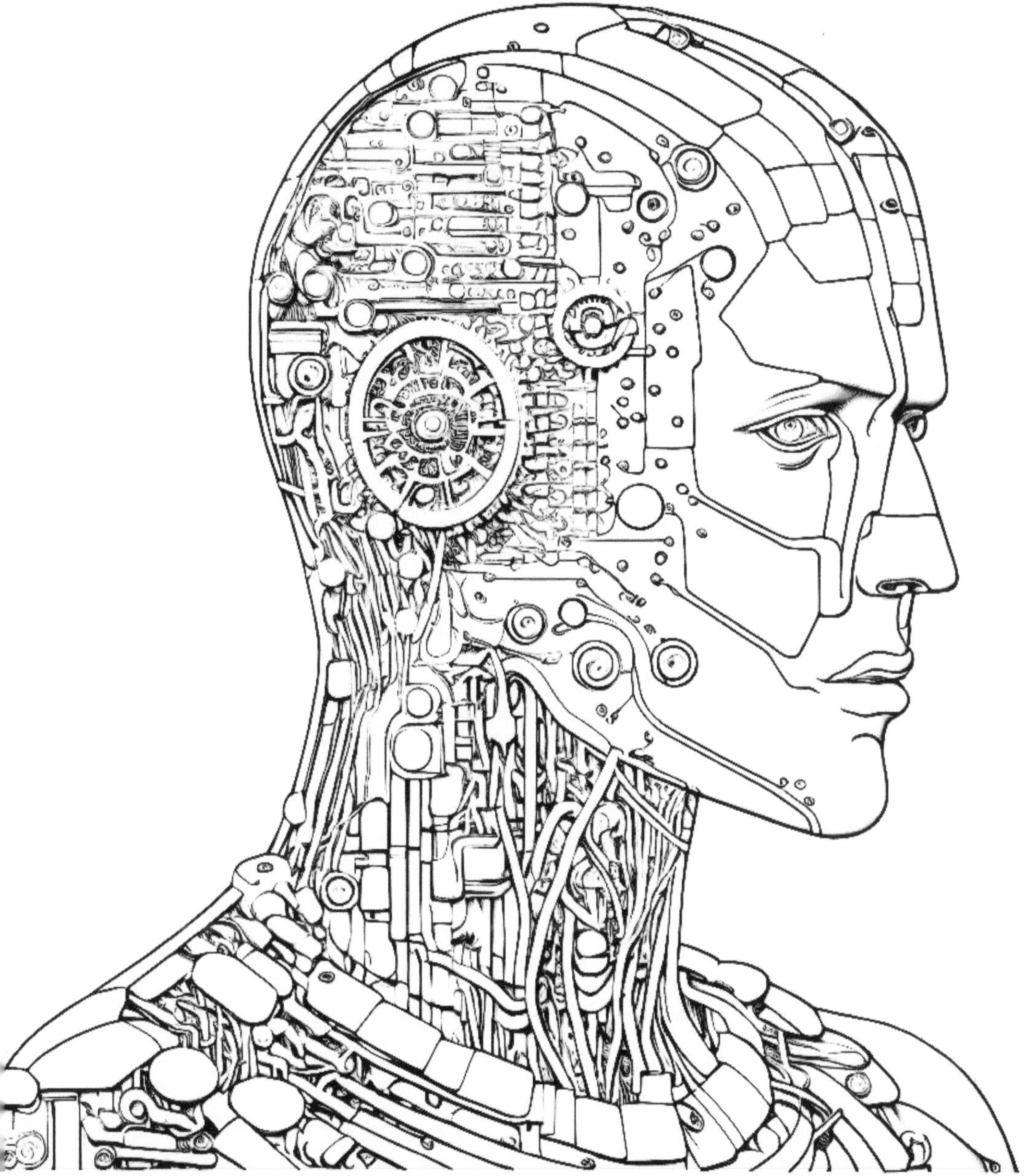

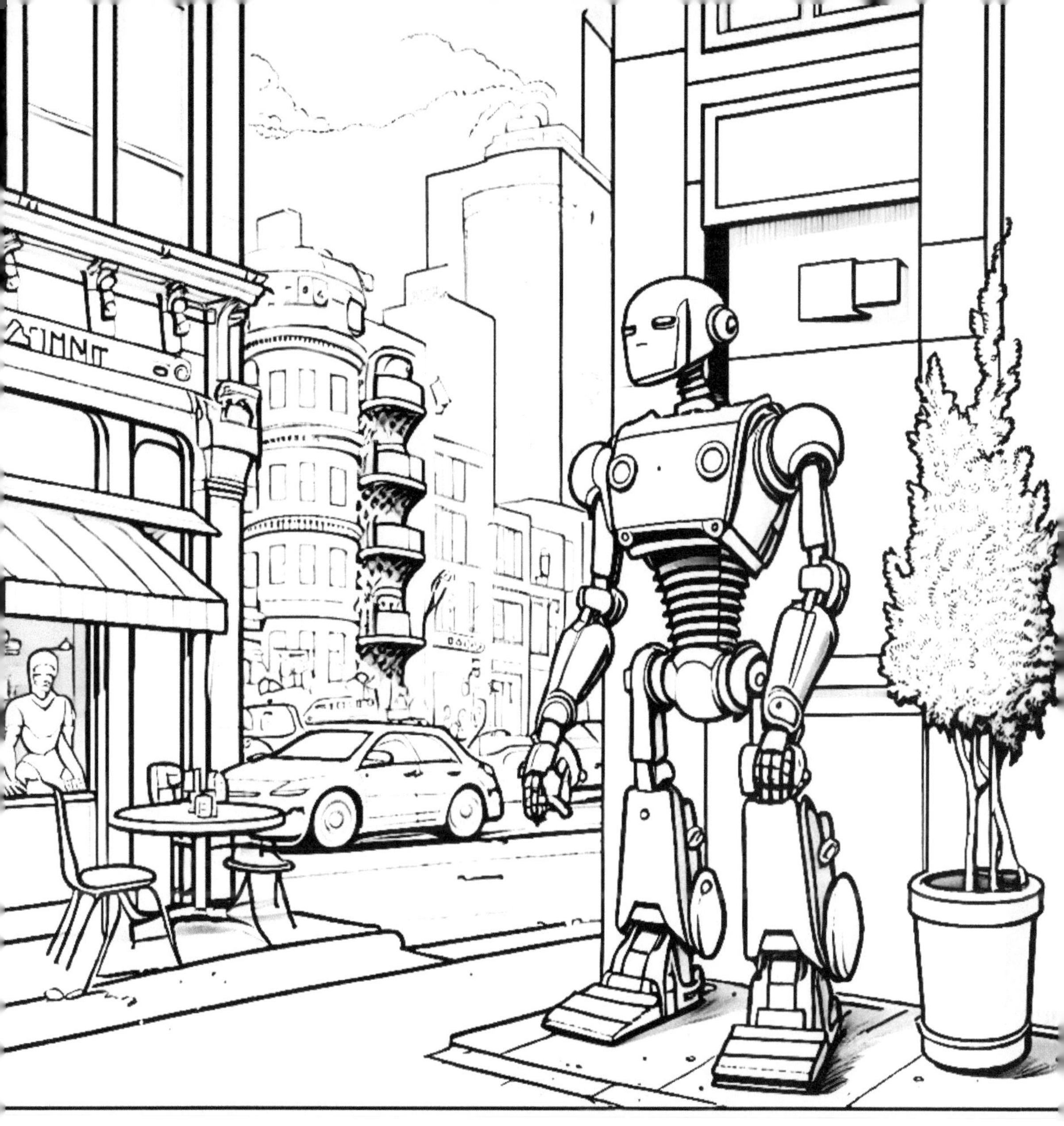